mue

Charlielle

m u e

le recueil bleu

En application de l'art. L.137-2.-I. du code de la propriété intellectuelle, toute reproduction et/ou divulgation de parties de l'œuvre dépassant le volume prévu par la loi est expressément interdite.

© Charlielle, 2025

Relecture : Claire Hodot et Emmanuelle Hivert-Leleu

Édition : BoD · Books on Demand, 31 avenue Saint-Rémy, 57600 Forbach, bod@bod.fr
Impression : Libri Plureos GmbH, Friedensallee 273, 22763 Hamburg (Allemagne)

ISBN : 978-2-3225-6012-7
Dépôt légal : Septembre 2024

"Que la force me soit donnée de supporter ce qui ne peut être changé, et le courage de changer ce qui peut l'être, mais aussi la sagesse de distinguer l'un de l'autre" - Marc-Aurèle

J'ajoute que je préfère la formulation d'accepter à celle de *supporter, n'en déplaise à Marc-Aurèle*

A nos allers, et à nos retours

FIN DU FAUX DEPART

PROLOGUE

L'équilibre n'est pas un état d'être qui se trouve.
L'équilibre est un état d'être qui se crée.

Comme le funambule sur son câble tendu, à chaque pas initié, dans une aspiration d'intention et d'attention, crée une ondulation, transforme les énergies, en en appelant tant à la mobilisation de son corps qu'à celle de son esprit, en en appelant tant à sa part de force qu'à sa part de renoncement, crée un équilibre.

Ce recueil exprime mon cheminement de funambule débutante, avec tous les sentiments qui accompagnent tout.e débutant.e en toute chose.

Sur mon câble d'acier, j'ai invité des individus qui m'en ont fait vaciller, qui m'en ont fait chuter, de plus ou moins haut, avec plus ou moins de bobos. Nombre de personnes imposées autour se sont employées à le faire trembler régulièrement, périodiquement, inopinément ou machinalement, et j'ai longtemps fait semblant de trouver cela amusant.

Ce recueil a émergé conséquemment à un moment bien particulier de ma vie, où mon câble d'acier,
et où tout ce que je m'étais résignée, bornée,
à accepter comme vérité,
s'est brisé

Fracassée au sol

Dans mon providentiel filet de sécurité

Je me suis recroquevillée

Je me suis allongée

J'ai écarté les bruits du monde

Et les odeurs nauséabondes

Ecouté les battements de mon cœur

Odoré les émanations de mon âme

Me tissant un nouveau câble d'acier

D'or et de charbon

De lave et de coton

Alors debout

J'ai saisi une perche courbée

Et seule sur mon balancier

J'ai marché

Ce recueil est parcours   aux quatre coins de moi
Tâtonnement   dans tous les recoins de soi

Ce recueil est intérieur
Une poésie à nue
en mouvance
m u e

Une poésie d'investigation dans une poésie de romance
Une poésie d'amour dans une poésie d'extraction
Une poésie de définitions qui ne sont pas finalités
Une poésie d'élévation de nos possibilités

Une poésie de ma vie en rémission
Une poésie de ma vie souhaitée

De jusqu'à

D'une liaison qui me chevauche à cru
D'un attachement qui me laisse nue
D'une bousculade qui me laisse fourbue

De respirations exaltées
De réparations succédées
D'une romance romancée

D'un isolement délibéré
Jusqu'aux tréfonds de mes abysses
Jusqu'à pleurer tous les vices
Jusqu'à trouver la surface de l'eau lisse

Jusqu'aux rivages
De mon être abscons
Jusqu'à la plage
De l'affirmation

Jusqu'à l'amour
De toutes mes saisons
Jusqu'à l'amour
De tout, unification

Jusqu'à ce que mon ramage
Se rapporte à mon plumage
Jusqu'à devenir le Phénix
L'hôte de mes bois

Je m'embrase
Sagace et sauvage
On ne m'y prendra plus
Il était une fois moi

phase I

latence

respirer

Enquête

En quête de ma vérité
Enquête de ma vérité

En quête de douceur
En quête de douces heures

J'avais besoin de disparaître
Pour résonner à l'intérieur

En quête de ma vérité
En quête de douceur

J'avais besoin de disparaître
Faire de la place à l'intérieur

Qui

Qui je suis quand je ne suis pas en mode survie ?

Mode survie : comportement inconscient développé par l'individu en réponse à un ou plusieurs traumatisme.s – rayez la mention inutile – survenu.s au cours de l'existence, et/ou ayant pris racine dans l'enfance.

Presque demain

Vision du cœur
Humeur de l'esprit

Luminescence   en substance
Subconscient   en-dedans

Ressource, rescousse
Couler de source
Irriguer, éclabousser

Ris, cours
Ris aux éclats
Joie

Lumière
Atmosphère
Pré, contrée, foin

Près, tout près
Tout près de moi

La lueur de tes mains
Presque demain

Être et faire

Être et faire
Composer, tracer, colorer

Découper, coller, superposer
Caresser le papier

Affranchir, délier

Faire du beau
Faire du moche
Mais faire

Faire et être
Être et faire
Être fièr.e

Courir, parcourir
Conter, raconter
Rencontrer

Entrer en collision
Génération encombrée

Multiplier, additionner
Soustraire

Epurer

Faire de la place
Créer de l'espace

Pour toi, pour moi
Faire notre place

Exister
Construire
Pour nos enfants
Bâtir
Recommencer

Amour-propre

Je recolle les morceaux de mon amour-propre

Poésie de ma vie courante

Ecriture de constat de soi

Comme un miroir brisé

Qui a volé en éclats

Inconfortable, désagréable

Fondamental -

Trier les bris de glace

Faire un état des lieux

Les amasser, les ramasser

Un à un

Sans se couper les mains

Les réagencer, les assembler

Colmater les fissures, enfin

Apprendre à se regarder dans la glace

Dans ce reflet strié de nouvelles interfaces

Et les chérir, et les aimer

Et se pardonner

Disparaître

Disparaître dans mon être
Chrysalide cristallise
Ease, facilite
Efface, fait face

Intensifie, nourrit
Ralentit, retentit

Renaissance

Minuit, midi
Qu'importe, selon l'envie
Qu'importe l'heure
Tant qu'il y a la pluie

Chanter le vent

Chanter le vent
Murmurer le temps

Devenir avenir
Lire, rire

Amusement des ans
Amusement des âges
Des anges

Protection envolée
Envoyée sauvage
Liberté

Paysage mature
Terre mûre

Repère amer-acide
Sucré-mouillé

Sec, humide
Aride, lucide

Eveil douceur
Instantané

Energies retrouvées

Produire, improviser
Spontanéité

Suivre mon intuition
Ressentir

Guérir traumatismes
Point

Réguler système nerveux
Point

Guérir

Rétablir la paix
Restaurer la justice
Equilibrer

Balance, chance
Energies retrouvées

Croire
Croître
Voir

Aujourd'hui maintenant

Aujourd'hui maintenant
Par tous les temps

Durant cette nuit
Ce soir

Miroir d'éther
Prières à l'Univers

Lever le voile
Naviguer
Naviguer sans boussole

Perdre le nord
Trouver le sud
Et aimer les rayons du ciel

Ne plus avoir peur
Riches de l'ivresse du bonheur

Heures sans heurts
Ne plus avoir peur

Et aimer le jour
Et aimer l'amour

Rester polie

Merci
Rester polie

Demeurer à demeure
Être fidèle à mon cœur

Résonner de moi
Résonner de toi

Entonner ma voix
Etonner de moi

Marcher sur ma voie
Marcher dans mes pas

Vibrer de joie
Spiritualiser

Emaner ma vie
Transpirer mes rêves

Essence, brûle
Embrasse mes braises

Bise
Attise, flambe

Poussière
Renaître de mes cendres

Je crache mes mots

Je crache mes mots
Je crache mes mots à la gouache
A coups de ciseaux, au Stabilo
Je crache mes mots
A coups de stylo

Je crache mes mots
Je vis mes peines
Comme un rengaine d'âme
Je crache mes mots
Mon vague à l'âme

Chamane de ma lignée
Je suis la gardienne de mes contrées
Je suis la vase, la boue, l'argile
Je crache mes mots
En terre fertile

Indigène de ma maison
Ermite de ma raison
Grande prêtresse de mon mojo
Je crache mes mots
En stéréo

Je suis une princesse dans un camion
Une reine dans son lagon
Impératrice de mon salon
Et je crache mes mots
De sable   mes châteaux

Rêve candeur

Poésie poétique

Ecriture de souhait espéré

Une histoire de rêve éveillé

De nostalgie de ce que je n'ai pas encore osé vouloir

De prôner la naïveté

Qu'est de la douceur à sauvegarder

Mission

Epoustouflante et lente
Souffle les braises
Lune
Attise le feu

L'une, l'autre
Apôtre
Accomplir la mission

Compiler s'accorder
Jouir
Affirmer mon plaisir

Réunir, aligner
Initier

Isoler, sortir
Consolider

Comme un mardi
Poésie

Prier

Enfance violence désespérance
Solitude torpeur figuration

Désolation implosion
Explosion

Isolation, expulsion
Expelliarmus

Désarmée, désolée
Jeter un sort
Prier
Avoir la foi

Père, mère
Frères, sœurs
Amitiés

Pour toute la vie
Toujours à jamais
Sauvée

Messe basse

Messe basse
Parler à voix basse
Chuchoter

Murmurer des vérités comme un secret
Pour qu'elles soient répétées
Pas répétées
Répétées

Armer, désarmer
Tirer à vue, bien viser
Ne pas tomber à côté
Ne pas risquer d'être corrompue

Démasquée
Incomprise

Ecartée
Méprisée

Rompue

Manivelle

Manivelle
Traverser le temps
Traverser l'espace
L'espace-temps

Complément circonstanciel de mise en contexte

Oublier de penser
Tergiverser, digresser
Mourir, s'enfuir

Non

Affronter, digérer
Accepter, pardonner

Reluire, relier
Nouer, dénouer

Faire et défaire
C'est toujours travailler
Comme le dit ma grand-mère

Transhumance

Vers
Où ?

Verre
Fragile

Direction
Agile

Transparence
Transcendance

Transe en danse
Corps dense

Danse

Cet été j'ai

Cet été j'ai
Regardé Hunger Games
Fait une crise d'angoisse

Passé la serpillère
Fait les courses avec ma mère
Bu des bières avec mon frère

J'ai fait une balade en calèche
Une marche au flambeau
J'ai remonté le temps

Vu le feu d'artifice de mon village
Regardé le temps qui passe
J'ai pris mon temps

J'ai acheté un sac pour l'école
Elaboré un calendrier perpétuel
J'ai pas mis de réveil

Mangé ce que je voulais
Vécu la nuit
Vu peu de matins

J'ai peu dormi
Beaucoup écrit

J'ai repris New York New York
Avec un musicien et une guitare
Les pieds dans ma baignoire
A l'un des deux, j'ai dit au revoir

J'ai pris un bain de Soleil
J'ai pris un bain de Lune
Lui ai envoyé mes prières

J'ai dessiné des fruits
Récolté des prunes
J'ai cherché qui je suis

J'ai mis de la lumière dans une bouteille
Cajolé mes traumas
Lavé mes carreaux

J'ai écouté mon âme
Versé des larmes
Je me suis reposée

J'ai fait le deuil d'un moi
Surligné les vacances dans mon agenda
J'ai vu Barbie au cinéma

J'ai coupé une pastèque
Marché sous la pluie   sans parapluie
Je me suis alloué la lenteur

Je me suis offert une boule à facettes
Des feutres aussi
J'ai conversé avec ma tête
J'en ai fait de la poésie

Je me suis déréglée
Je me suis régulée

J'ai pas changé de paysage
C'est mon paysage qui a changé

J'ai fait mes comptes
Comme une grande personne

Cet été
Comme tous les petits
J'ai grandi

amour exergue

L'heure des fleurs

Il est l'heure des fleurs

Dehors

Il pleut

Et le Soleil dort

Et les nuages rêvent

De toi

Et de moi

Au bord d'un lac

Dans la forêt des fées

Et des aurores boréales

Transfigurées

Il était une nuit

Il était une nuit

Au bord de l'eau, à flanc de rivière

J'ai laissé mes cheveux se mêler aux herbes rosées

Je t'ai laissé m'embrasser sous le ciel étoilé

Enveloppé par les feuilles les branches

Ton front ton nez

Je l'entrevoyais

Entre deux baisers de toi

J'attendais quelqu'un

J'attendais quelqu'un
Quelqu'un d'autre que toi
Et c'est toi qui est venu
C'est incongru

Paré de ton air hautain
Vêtu de ta nonchalance
Traînant tes lacunes et tes rancunes
Ça ne t'allait pas

J'espérais quelqu'un ce soir-là
Si c'était lui qui était venu
Se serait-on connus
Toi et moi ?

Ce serait bien que tu répares ça
Promets-le-toi
Juré craché
Toi qui es si courtois

Je me languissais de quelqu'un
Quelqu'un d'autre que toi
Je ne l'ai plus jamais revu
Car c'est toi qui est venu

Tension

La tension douce de ma peau contre la tienne
La pression douce de ta peau contre la mienne

Passion

Rien

Rien ne sert à rien

Animal
Aimé

Aimer est source
Créer est source

Errer   vagabonder
S'alanguir   abonder

S'abandonner
A la romance

Légèreté

Le maintenant de mon pendant

Je me laisse porter
Je te laisse mener
Tu as l'habitude de jouer
Tu me l'as dit en secret

Nuages gris bleus
Voies d'ecchymoses
Chargés de pluie
Des ectoplasmes en overdose

Couverture diaprée du matin
Le jour se faufile par les volets
Tu sens bon le bouquet
Le printemps et les fleurs séchées

Tiède est l'air lourd   brume veloutée
De la forme de ta peau et de ma peau

Je veux l'enlacer, le capturer
Nos effluves mêlés m'envoutent mon amour

Eveil volupté, on n'a pas d'âge
Orange tendresse, quand rien ne presse
Cocon coton bulle de savon

A l'intérieur de ma chrysalide
   j'ai tout ce qu'il me faut
Est-ce que demain nous verra
   en phase imago ?

Iridescence de l'atmosphère
Je ne sais plus l'espace
J'ai oublié le temps

De ma fenêtre quand je sommeille
Tu es le maintenant de mon pendant

Parallélismes

Mots du soir, tard
1, 2, 3, béaba
Ebaubie, baba

Connaissances élémentaires
Folies parallèles

Allèles
Il, elle

Ile aux fleurs
Ile aux cœurs

Toi

Ciel insouciance

Je nous vois dans la cour de récré
Tu me prends par la main

Tu me dis : « Viens !
On va chanter des chansons
Goûter nos sens
Construire une maison »

Tu me dis : « Viens dans mon jardin
On va se baigner
Dans le ciel insouciance
On va danser
Tu vas adorer »

Scoubidous

Tes mots me sont si beaux et si doux

Je voudrais les laisser là, en suspens

Encore un peu, pendant tout le temps

Les laisser flotter, m'enrober

Tourbillonner autour de mon cœur

Qu'ensemble ils tissent des scoubidous

Qu'ils fassent des petits

De toutes les couleurs

Besoin de temps

J'ai besoin de temps
Pas trop loin de toi non plus
Je veux tout en même temps
Je ne veux pas choisir

Je rêve de m'endormir
M'assoupir un moment
Laisser mon corps se régénérer
Et me réveiller   toute réparée

Enfants blessés

Pétris de leurs turpitudes
Je vois deux enfants blessés

Egarés, hagards
En désuétude

Qui veulent crier de ce que recèlent leurs cœurs
Qui ont besoin de créer pour respirer

Qui ont besoin d'apprendre à comprendre
Comprendre qu'il n'y a rien à comprendre

Rien à savoir
Rien à attendre

Il n'y a qu'à pouvoir
Pouvoir respirer

Ressentir
Et marcher

Avalanche

Et puis les nuits blanches
Avalanche

Ivoires, rousses
Mousse

Dévaler
Enchanter
Enivrer

Poudreuse nébuleuse
Nuits ravageuses

Anesthésies
Synesthésies

Tentatives
D'harmonie

Ego

Ego vélo chapeau
Mélodie nuit parapluie
Romance morte née
Avortée, fantasmée

Ne tombons pas dans le mélo, tu avais dit
Non amour, ne tombons pas dans le mélo

Joue contre joue

Un an
Douze mois
Cinquante-deux semaines
Trois cent soixante-cinq jours

Combien de nuits, amour ?
Combien de mots
Combien d'étreintes
Combien de tendresse

Ça ne se compte pas la tendresse
Pas vrai ?
La tendresse ça se vit
Ça se ressent
Ça se touche avec la bouche
Ça se respire du bout des doigts
Du bout des pieds
Joue contre joue

Ça se boit du fond des yeux
C'est onctueux

Combien de larmes exhalées
Combien de bonheurs inhalés
Combien de rires effusés ?

Ma douceur des quatre saisons passées
Comment on compte la joie
                        dis-moi ?

Promis juré

Honorer le beau
Célébrer
Dire au revoir

A la lueur de nos horizons
La prédiction d'une nouvelle histoire
Une bien meilleure que celle-ci

Acte manqué

Deux artistes solitaires
Dans un estuaire
Se sont rencontrés

C'est extraordinaire
Parce que
Aucun d'entre eux
Ce soir là
N'était censé se trouver là

Sans trop savoir pourquoi
Sans trop savoir comment

Empêtrés de leurs foultitudes
Encombrés de leurs multitudes

Personne n'a fait le premier pas
Drôle de ronde autour du pot

Tandis que s'étiolait l'idée d'un baiser volé
Par malchance   ils se sont manqués

phase II

décompression

amour exsangue

Amour brève

Je t'ai aimé
Timidement
Brièvement
Furtivement

Du coin de mon cœur
Du coin de ma vie
Du coin de mes nuits
Et de mes soucis

Quelque part entre mes vendredis et mes lundis
Et puis les autres jours aussi

Au supermarché, au restaurant
Dans mon salon   obstinément

Du coin de mon âme
Du coin de ton âme
Au moins un peu
A la va vite

Méli-mélo
Question de tempo
On prend la fuite

Vice et versa

Tu me bouscules et je te bouscule
Est-ce qu'on se réveillera de nos habitudes
Est-ce qu'on se répondra ?

Est-ce qu'on arrivera
A placer de la vie dans nos moi
A s'accorder dans nos schémas
A s'alunir

Cartographier nos univers
S'inviter dans nos silences
S'inventer une révérence
Ma préférence

Est-ce qu'on se parera de nos habits d'amplitude ?
Toi solitude, moi incertitude
Et vice et versa

Tu sais ce que tu veux, parfois
Je ne sais pas ce que je veux, des fois
Et vice et versa

Moi tes premières fois
Toi mes dernières fois
Et vice et versa

Délitement

Des pourquoi j'en ai plein
Et tu n'en entends aucun

Sourd à mon raisonnement
A mes sentiments

J'aurais tellement voulu que tu comprennes
J'aurais tellement voulu déjouer cette scène

Si tu entendais
Je n'aurais jamais eu l'idée de te laisser

Mais tu n'entends pas
Alors je me dois à moi-même
De te laisser là

Tu n'es plus dans mes petits bonheurs quotidiens
Ni dans les grands d'ailleurs
Tu n'es plus dans aucun

Tu perturbes ma paix
Ce n'est pas pour autant que j'ai cessé de t'aimer

C'est quel genre de sentiment celui que je ressens ?
Un délitement ?

Lettre à mon amant

David,

Je t'ai écrit une poésie
Un texte en prose
Ça ne rentrait pas dans un texto

J'ai envie de croire qu'on pourrait être amis
A dire vrai, je ne sais pas si j'en ai envie
Je ne sais pas si j'y arriverais
Je ne sais pas ce que ça signifierait
Être amis
Être amie avec toi
A quoi ça rimerait ?

J'ai envie de quelqu'un qui me serre contre lui toute la nuit
Au moins au début, au moins de temps en temps
Et comme toi je te vois que de temps en temps
Ben j'en aurais envie tout le temps

J'ai envie de quelqu'un avec qui partager mes nuits
Quelqu'un qui ne s'enfuit pas dans ses insomnies

J'ai envie de quelqu'un au matin aussi
Qui m'embrasse sur la joue
Me fait des bisous partout

J'ai envie de quelqu'un qui me trouve épatante
Par tous les temps, partout tout le temps
Quelqu'un qui me trouve belle
Que je sois habillée ou nue
Mal fagotée ou dévêtue

Quelqu'un qui chérisse chaque partie de mon corps
Comme je sais chérir chaque partie de ton corps
Quelqu'un qui me prenne par la main dans la rue
Par la taille, par le cou
Parce qu'on s'appartient un peu

Qui me chuchote des indécences à l'oreille
Qui danse avec moi, sur un rythme tendre
Quelqu'un qui ne redoute pas mes silences
Quelqu'un qui a confiance
Quelqu'un qui voit le verre à moitié plein

Hier soir j'ai eu envie de toi quand on a parlé
Quand on était vulnérables

Pour moi c'est là que commence l'intimité
Dans nos fissures qui transparaissent
Dans nos vérités
Et j'ai eu mal de cette communion
Pour moi avortée

J'ai envie de quelqu'un qui a besoin comme moi
de deux heures de douceurs après l'amour
Sinon je me sens arrachée ou volée à mes fragilités
J'ai un goût de pas assez

Et ce quelqu'un ça ne peut pas être toi, non
Parce que tu n'es pas comme ça
En tous cas pas avec moi
Je ne te le reproche pas
Mais dans nos intimités
Se révèlent nos impossibilités

Tu pourrais choisir de *contrôler* la situation toi aussi si tu le voulais. Tu es en cocréation avec moi dans l'histoire de notre relation. C'est un peu bâtard de me dire que c'est moi qui ai le pouvoir. Si le lien qui nous lie est juste devenu une histoire de contrôle ou de pouvoir, non merci.

Je ne sais pas comment faire, David
Pour qu'on soit amis
Avant que le ressentiment nous gagne

Je me répète, je me délite, je m'élime
Je me sens sur la pente descendante de nos répétitions
On a trop joué cette partition

J'ai besoin de toi pour transformer cette relation
Si on ne veut pas qu'elle prenne fin
A moins que ce ne soit son destin

On aurait peut-être pu être beaux
Comme Kate & Leo
Mais je ne sais pas à quoi ça tient

Amourette esthète

Allitération dilettante

Une histoire d'amour miroir

Amour narcisse

Jaune bouton d'or

Entre deux corps à corps

Un amour qui pique

L'âme et les yeux

Un amour égotique

Qui aime l'esthétique

Pas trop l'éthique

Un amour qui mord

Le cœur et les cieux

Un amour à mort

Dans la courbe de nos vœux

Disparu

Et puis toi qui as disparu
Et puis toi qui ne dis rien
Où es-tu, que fais-tu de tes mains ?
Et puis demain, où seras-tu ?

Tu crois peut-être que ça ne me fait rien
Que tu aies disparu du jour au lendemain
Nan tu sais très bien
Tu sais très bien que je me demande si tu vas bien

Je me demande ce que tu fais
J'espère que tu vas mieux
Que tu t'occupes de toi, au moins un peu
J'espère que tu t'y tiens
A tes rêves, à tes vœux

C'est nul que tu aies disparu
En même temps je trouve ça bien
On en avait besoin
Que tu disparaisses un peu
Loin du cœur loin des yeux

Pour couper le cordon moisi
Le lien défectueux entre nous deux
Qui était devenu tortueux
Effiloché amoché sinueux

C'est sûr c'est mieux
Que tu aies disparu un petit peu
Combien de temps on va tenir ?
Est-ce que c'est un nouveau jeu ?

Nan je ne joue plus
Je me suis promis
Je ne veux plus jouer
Je me retire de la cour de récré

C'est étrange après tout ce qu'on a vécu
Tu as disparu sans laisser de trace
Que fais-tu ?

C'était pourtant n'importe quoi depuis le début
On savait que ça finirait
On savait que ça ne durerait pas
C'est ridicule d'aimer à moitié
De se manquer parce qu'on s'est attachés

Pourquoi autant ?

On s'est aidés mutuellement c'est sûr
On s'est trouvés dans le noir
On a soufflé quelques braises
Sur nos humanités opprimées

Et puis tu disparais derrière un mur de silence
Emmuré d'absence
Tu disparais dans un murmure détonnant
Presque assourdissant
Tu n'es plus
Alors que tu as été tant
Où es-tu ?

Tu as disparu tu t'es désintégré
Décidément tu es malhabile pour t'exprimer
En amour comme en amitié
Vraiment, tu es malavisé
Pourtant

Tu m'as aidée à respirer quand je suffoquais
Quand je ne savais plus où regarder
Je pouvais te regarder toi

T'agiter dans tous les sens
Avec ou sans ta guitare
Avec ou sans ta moustache
Avec ou sans panache
En chemise à carreaux ou torse nu
Quel charmant cliché fais-tu

La foire en fond de nos désespoirs
Je t'ai aimé tout doucement silencieusement
On s'est aimés n'importe comment
On s'est aimés comme des enfants
Qui rêvent qu'ils sont grands
Qui vivent un tourment
Trop grand pour leurs chants
Qui se croient plus forts que la mort
Qui se croient plus forts que la vie
Tu as disparu, ce n'est pas très gentil

Tu es un bougre de test de mon amour-propre
Jusqu'au bout tu auras été tout ce que je ne
veux plus vivre
Tu exagères de te taire
Toi qui a toujours quelque chose à dire
Je me demande si tu te terres ou si tu prolifères

Est-ce que tu vas bien ?
Je me fais du souci, vraiment
Qu'est-ce que t'es agaçant
J'essaie de me convaincre que je n'en ai rien à faire
Vraiment tu me désespères

C'est ça aussi quand on pose des ultimatums
Après on a l'air contrit
Tu ne sais plus quoi faire maintenant que je n'ai pas choisi l'option que tu aurais voulu
C'est ça quand on se met en colère
On dit n'importe quoi
On regrette
Et quand il s'agit de revenir en arrière
On se trouve confus

Et maintenant tu as disparu
Comme ça au coin de la rue
Au beau milieu d'une nuit banale
A l'issue d'une conversation égale

Tu as pris la rue de ta paix, tu as dit
C'est le meilleur que je te souhaite, la paix
Parce que c'est le meilleur de la vie

Combien de temps ça va durer jusqu'à ce qu'on se revoie pour se dire au revoir ?
Tu crois qu'on sera prêts ?
Je m'en vais au mois de juillet avec toute ma vie avec toutes mes affaires sans me retourner
Qu'est-ce qu'on va faire ?

Tu es trop de dissonances pour que je te garde alentour
Je ne veux rien que de l'accordance dans ma cour

N'empêche que je t'ai adoré
Tu sais être si prévenant, si attentionné
Mais pas tout le temps
C'est ça l'inconvenant
Le terrible
L'impossible temps qui nous sépare
Qui nous égare
Alors qu'on est dans le même couloir

Je serais contente de te voir vivre autour de moi
Une dernière fois
Je crois
T'entendre râler à propos de tout
A propos de rien

Tu nous joueras un air tu crois
Quand on se reverra
On chantera ?
Une dernière mélodie
Pour rendre hommage à nos insomnies
Est-ce qu'on dansera ?

C'était bien de faire semblant de s'aimer
C'était bien le temps que ça a duré
De faire comme si c'était pour de vrai
Ça m'a fait du bien
En attendant demain
Un meilleur bien
Un méga bien
En attendant
L'air de rien
Tu m'as fait du bien

Maintenant c'est la fin
Le tout dernier refrain
Demain je me réveillerai sans toi
Pour tous mes prochains matins
Et je me guiderai vers un autre amour
Auprès duquel je me réveillerai

Pour le reste de mes matins
Pour le reste de mes sommeils
Pour le reste de mes éveils
J'écouterai d'autres musiques
Je chanterai d'autres cantiques

On se retrouvera en antarctique
Quand on sera polarisés
Quand on saura naviguer
On se retrouvera
On se saluera
Sur le quai
Du port ou de la gare
On se saluera
Pour se dire au revoir

Le temps d'apprendre à s'aimer pour de vrai
Le temps d'apprendre à vivre sans jouer
Sans se cacher
Le temps d'apprendre à s'aimer au grand jour
On sera heureux de s'être rencontrés
Et de s'être dit au revoir
Pour incarner nos destinées
Constellées de nos moments de gloire

Ponctuation

Par ci, par là
Par-delà
Ceci, cela
Et toi et moi
Et tout ça

Et nous dans tout ça ?
Point d'interrogation
Point d'exclamation
Emoi
Et moi ?

Point de suture
Point de final

Point final
Fatal
Point à la ligne
Banal

Cœur adolescent

Cœur adolescent
Moi Wendy, toi Peter Pan
Je descends du tapis volant

Je n'irai plus au pays de ton imaginaire
Je veux me voir grandir, cultiver ma terre
Me voir fleurir
Comme les fleurs des prés   tu sais

Pas besoin de poussière de fée
Pas besoin de Clochette
Dans mon pays à moi
Le Capitaine Crochet, je lui fais un câlin
Mes enfants perdus, je les prends par la main

A côté de moi, dans mon jardin, il y a ma mère
A côté de moi, vu de ma fenêtre, il y a la mer
Mon rêve bleu

Ton cœur a beau être cousu de fil d'or
    Être un trésor

Le pays de ton imaginaire
    Il n'y a rien à faire

S'évapore
    De mon décor

expirer

Planches courbes

Amour sourd
Amour aveugle
Amour savoureux
Amour tumultueux
Tuez-le

Amour sulfureux
Amour pestilentiel
Résiduel
Amour délicieux
Tendancieux

Amour tentaculaire
Amour héréditaire
Vernaculaire
J'suis pas ta mère

Aérer
Aérer tout
Aérer rien
Aérien

Tu m'as volé

Poésie d'arnaque
Poésie patraque
Poésie résolue

Un cri du ventre
De mes entrailles
Un cri de bile amère

Aspirer le venin
Logé sous ma peau
Jusque dans mes os
Et te le cracher au visage

Je te rends tes méfaits
Humain de peu de bien
Ton mal agir, ton mal conduire

Ta colère, ta frustration
Tes accès, ta déraison
Je te rends tout, ça t'appartient

Par ce poème
Je déclare séant
Le sort conjuré étant

Tu m'as volé
Je ne me suis pas beaucoup défendue, c'est vrai
Je t'ai pas mal laissé faire
Mais tu m'as volé

Mes idées, ma joie
Des instants de vie
Des moments de moi
Tu m'as volé

Etouffée sous toi
Dans les décombres de tes traumas
Tu m'a volé
Ma voix mon éclat

Je ne me suis pas beaucoup débattue, c'est vrai
Je pensais que c'était l'amour le vrai

Tout ce que j'avais
De plus beau, de plus cher
Ma lumière, ma foi
Mon caractère
Tu t'es tout approprié

Toi méfiance
Tu m'as volé
Jusqu'à ma probité

Je ne me suis pas beaucoup défendue, c'est vrai
Parce que je croyais que l'amour vaincrait

Vaste plaisanterie   je ris
Jaune, vert, mauve   dégueuli
Balivernes, tromperie
Ecran de fumée dépoli

Comme toi et tes paroles
Odieuses fariboles malpolies
Tes paroles sans fin interminables
Mais à qui tu parles ?

T'écoutes que toi
L'écho de ta voix
Qui résonne sans fin
Dans les confins de la maison
Cette prison

Ça nourrit ton orgueil j'imagine
Tu me dégoûtes tu me répugnes
Tu dégoulines d'ignominie de pus
T'es une verrue t'es moche tu sues

Ton regard sur le monde est sombre
Tu le tires dans l'ombre
Comme Croyance des Animaux Fantastiques
Parce que c'est ce que tu es
Un enfant mal aimé, désemparé
Explosif

Qui se complaît dans les tourments de son âme
Calimero
Tu te laisses ravager par ton reflet
Ton ego

Dévoré par tes cauchemars
Ta culpabilité qui te ronge
Le jour la nuit
Jusque dans tes songes

Tu as peur du noir, tu as peur du soir
Ton arrogance c'est de la violence
Par la peur tu te laisses noircir
Par l'obscurité tu te laisses ourdir

Tu voles, tu pies
La lumière, l'énergie
Impérieusement
Tu t'accapares, tu mens

Tu m'as volé
Jusqu'à ce que je n'arrive plus à réfléchir
A respirer à réagir

A terre, humiliée
Tu m'as volé
Jusqu'à en être pétrifiée

Impitoyablement
Pitoyablement
Tu voles, tu mens

T'es rien qu'un voleur d'âme
Un voleur de flamme

Détraqueur détraqué
Amateur de l'existence
Humain du dimanche
En carton t'es bidon

T'es détestable, t'es invivable
Je te laisse dans ton bac à sable
A tes échos insondables
A ton air   irrespirable

Déni d'habit

Nous étions deux âmes meurtries
Dans le déni de nos habits
De nos couvertures

Avertis de nos souffrances que l'on pouvait toucher
Nous n'en avions pourtant pas connaissance

Attachés l'un à l'autre
Liés l'on pensait
Liés par nos souffrances l'on était

Pensant que par l'amour nous étions reliés
Aliénés par le désamour nous étions opprimés

Le non-amour de nos propres êtres
Nous a fait croire que nous nous aimions
Et l'on a continué ainsi
Jusqu'à des violences inouïes

Il faut mourir un peu chaque jour
Pour tuer l'amour du feu
Jusqu'à se jeter des braises dans les yeux

Aveuglé par ta colère
Tu m'as faite prisonnière

Tu n'as pas pu pas su te libérer
Alors tu m'as enfermée
Au milieu de ton tourment

J'aurais voulu l'apaiser
Ton tourment

Apaiser ta peine
Prendre ta douleur
T'en débarrasser

J'aurais voulu
Je me suis fourvoyée

Je souhaite que tu le puisses
Oter l'épine empoisonnée
Entre tes vertèbres   nécrosée

Celle qui brouille ta vision
Trompe ton odorat
Et ton intuition

J'espère que tu l'atteindras
Comme la sorcière Karaba
Que tu pourras baisser les armes

De tout le mal que l'on t'a fait
De toutes les injustices endurées
Être apaisé

Briser le charme conditionné
Voir les choses telles qu'elles existent
En pleine lumière   te pardonner

Là où la guerre a pris fin

Là où la guerre a pris fin
Il y a une fille   en guenilles
Qui dessine et qui peint
Qui fabrique des poupées
En fleurs, en couleur
De ses mains

En harmonie avec la dysharmonie de son cœur
En demi-teinte   teinté de douleur
Pour réparer toute sa lignée de sœurs
Les âmes des femmes qui pleurent
Défuntes âmes sans armes pour combattre
Le feu dans l'âtre

Désolée de ne pouvoir armer de paix toute sa lignée
Elle s'en remet à ses poupées
Pour conjurer, absoudre et panser
Le sort, les péchés, les plaies
Moudre les torts causés
Engendrés, perpétrés

Mapoushka toi, Mapoushka moi
Nous sommes sœurs, parentes, vaillantes
Et nous faisons la paix de nos mœurs

Serre cette poupée contre ton cœur
Elle est elle, elle est toi, elle est moi
Elle est joie, ardeur
Maison refuge   transfuge
Toute génération   pardon

Compassion à travers les âges et les manquements
Dans le silence on entend les voix des femmes
pas écoutées

Prends cette poupée, confie-lui tes secrets
Ce que tu tais parce que personne n'écoute
Prends cette poupée
Elle fera de tes doutes une route
Tracée vers la terre mère des fées

Eau sœur salée
Air fille de l'espace
Feu aïeule de nos places

Lave, germe, pousse, gronde
Souffle, embrase, inonde
Et alors tu seras toi
Brume du temps

A toutes les aînées de ma lignée
A mes amies qui sont mes sœurs
Au féminin sacré
A la terre mère

Aux femmes scarifiées, sacrifiées
Aux femmes suppliciées
Aux femmes puissantes, à nos enfants
A toutes les femmes et à toutes les filles
Je vous entends

La guerre prend fin avec moi
La guerre prend fin avec nous toutes
Les sorcières ne seront plus brûlées
Elles seront honorées

Ce que je n'étaie pas

Tous les mots que je ne dis pas
Que je n'écris pas
Toutes les pensées que j'ai
Sont aussi les paroles que je tais
Les paroles que je tais
Sont des choix que je fais

Chacun est une décision
Consciencieusement prise
Combien de décisions à la minute
Cela représente-il ?

Qu'est-ce qui les motive ?
Moi

Tous les mots que je ne dis pas
Toutes les paroles que je tais
Je les tais
Pour ma paix

Passer à côté

A vouloir tellement la réussir
A vouloir tellement la rendre belle
Je suis passée à côté de ma vie
L'espace de trois décennies

Vous attendiez tellement de moi
Je ne sais même pas quoi
Chacun espérant quelque chose de différent
Evidemment

Vous attendiez que je sois vous en mieux
Mais pas trop mieux non plus
Que je comble vos manques
Vos pièces manquantes

Je vous ai servi de miroir
Chacun à votre tour   tour à tour
A votre guise à votre convenance
Tournante peu reluisante

Mon reflet je n'ai jamais pu voir
Dans la glace plus de place
C'est peut-être de là que vient la schizophrénie
Qu'en dit la psychologie ?

Malgré tous mes efforts
Dans vos yeux désolation
Dans vos regards
Vos incompréhensions

Marionnettistes
Je n'ai pas oublié que j'ai toujours pleuré
Malgré les jours de fête
Malgré le petit clown qui nous fait rire

Malgré le frère qui peut prédire la pluie
Ou bien le beau temps
Je n'ai pas oublié, que j'ai toujours pleuré
Des flots des torrents des ouragans

Toute mon âme se souvient
De toutes mes larmes au corps
Que mes yeux ont déversé

Face à cette glace sans reflet
Sur laquelle j'ai tant craché
Dans laquelle il n'y avait plus aucune place
Pour mon intériorité

Moi c'est qui
Ça veut dire quoi
Je ne sais même pas

Je n'ai été que la serpillère
De vos émotions régurgitées
Je n'en peux plus de les essorer

J'absorbe, j'éponge
Tous vos renvois d'aigreurs indéterminées
Eclaboussés dans un éclat
Qui ricochent sur chaque paroi
Et c'est moi qui réceptionne
Ça va de soi

J'emmagasine, consigne gentiment
Chacun de vos ressentiments

Petite fille sage et appliquée
Parfait support de vos névrosités

Tranquille petite fille sage
Qui désire tant être à l'image
Des espoirs de ses parents
Sur le rivage de leurs ravalements

Il n'y a plus d'espace pour elle à l'intérieur
Vous ne vous rendez pas compte

Vous ne voyez pas, non
Comment le pourriez-vous
Aveuglés que vous êtes
Par vos propres défaites

Elle ne sait pas à quoi elle ressemble
Elle ne se regarde même pas
Car dans cette maison, elle n'existe pas

Elle n'est que le reflet de vos projections
Triste caméléon
Ça doit venir de là la dysmorphie
Qu'en dit la psychologie ?

Je n'arrive pas à lâcher le manche à balais
Que vous m'avez mis entre les mains
Comme un sceptre honorifique
Transmission maléfique

Vous ne voyez pas ce que vous avez fait
De moi l'esclave de vos aspérités

Je n'arrive pas à franchir la barrière de l'enclos
Au milieu duquel vous m'avez parquée
Je deviens folle, rendez-moi ma liberté

Orang-outang en captivité
Ouvrez ma cage et je n'oserais pas sortir
Tellement bien élevée

Annulée, annihilée, anesthésiée
Mutée, déconnectée, paralysée
Mais je dis beaucoup merci et pardon
C'est bon, ça va aller

Malgré tous mes efforts
Je n'ai été qu'une déception
Le pantin de vos élucubrations

Le réceptacle de vos complaintes
De vos mornes plaintes d'inaction
De vos charges silencieuses, insidieuses

Le reflet de vos propres échecs
Et de toutes les émotions qui vont avec

Vous m'avez rendue partie et témoin
De vos espoirs et détestations
Alors de vous je n'ai eu que rejection
Ne voyez-vous donc rien

J'ai tellement souhaité voulu tenté
Me rendre convenable à vos égards
Vous rendre fiers, que vous me regardiez
Être épatante, que vous me considériez

Pourquoi ça ne marche pas ?
J'ai beau y mettre tout ce que j'ai
Je passe à côté de mon existence
Et vous passez à côté de moi

Ça suffit
Je lâche le balais
Je jette l'éponge

Je ne suis pas votre serpillère
Ni votre nourrice
Je ne suis pas à votre service

Ce n'est pas à moi de faire votre ménage
Que je sache, mon enclos est propre
Je n'ai pas laissé de débris derrière moi en partant
Merci d'en faire autant

Balayez devant votre porte
Je comprends maintenant ce que cette
expression comporte
Vos névroses vous appartiennent
Je ne guérirai aucune d'entre elles

J'ai saisi
Ce rôle que vous m'avez attribué, je le honnis
Pour le reste de ma vie
J'ai rendez-vous avec ma poésie

Enfance

Une explosion de saveurs
Un délice
Une épice ou deux
Et on glisse
Dans les herbes ressuscitées
De notre enfance inanimée

Un délice ou un supplice
Les deux en simultané

Je m'éloigne de toi
Enfant de mon jardin d'hier

Prudence dans les bois
Sous les toits une virulence
Une foi vibrante   une espérance
Parement lent de la violence

Une clémence sous la charpente
Le repentir des justes, la clameur
L'attribution des guérisseurs

Nos vérités d'hier ne sont plus celles d'aujourd'hui
Enfance

Comme une poire en décomposition
Une corbeille de fruits
Juteuse et pourrie
Comme un animal à apprivoiser
Tu cherches à te désaltérer

Une étoile du ciel brille et s'éteint
Dans un battement de cil cryogénisé

Le clignotement d'une guirlande de fête
Le craquement d'une allumette

Un éclat de rire en bas des escaliers
Les grands et les petits sont séparés

J'entends le chant du loup au clair de Lune
Comme dans un conte, une fable ancienne
Une légende lointaine
Prête-moi ta plume, que je t'écrive un poème

Je me cache sous ma couette pour lire une histoire
Dans ma tête   échappatoire

Mon père me chante une comptine pour me border
Comme dans un rêve   évaporé

Triompher de la douleur

Repousser l'envahisseur
Et ne plus vivre dans la peur
Si dur labeur
Une lutte à mains nues
Je n'avais rien demandé
Prise dans le tumulte
D'une guerre contrainte et forcée
Que je n'ai pu fuir
Je devais survivre
Me défendre ou périr

Je me suis battue j'ai lutté
En guerrière vêtue contre mon gré
Poussée dans mes retranchements
Mon corps ensanglanté, fatigué
Essoufflé de combattre un ennemi
Qui s'acharne, crache son fiel
Rit des blessures déjà causées

D'une grotte sombre, j'ai inhalé le soufre
J'ai rampé ventre à terre
Sans anesthésie, j'ai recousu ma chair
Resoudé mes os, transfusé mes artères
A la source de mon âme, nettoyé mon sang
Cent fois j'ai cru mourir
De torpeurs en humiliations
Cent fois je suis morte de sidérations

Cent fois je me suis relevée
Repoussant l'envahisseur dans ses propres renvois
Un pas après l'autre
Encore et encore j'ai marché
De l'amour né de mon cœur
J'ai pardonné l'agresseur
D'un combat que je ne voulais pas
Si injustement infligé
Qui n'avait pas lieu d'exister

On m'a déclaré la guerre
Et je me suis trouvé une armure
J'ai aimé jusqu'à l'indifférence de vos souffrances
J'ai souffert jusqu'à triompher de la violence
Jusqu'à triompher des désespérances
Dans le silence j'ai trouvé la paix
De toute source de chaleur
Je me suis imprégnée

Haletante, épuisée
Balafrée, chancelante
J'ai triomphé de la douleur
J'ai triomphé de ma vérité
J'ai fondu mon armure
Dans l'antre de mon âme
J'ai gagné ma liberté

En même temps

Vivre en même temps que je guéris
Construire en même temps que je détruis

Plaies béantes

Plaies béantes pansées
Encore et encore
Vous cicatrisez
Je vous soigne, vous guérissez

Je vous prends par la main
Et vous dit que tout va bien
Ce n'est rien

Je vous prends dans mes bras
Avec mon cœur
Et avec mon étreinte
Vous n'avez plus peur

Deuil

Je suis en deuil
Ça fait mal
C'est épuisant
Ça me pique le sang
Ça me crève le cœur
Ça me fait pleurer
Avoir des spasmes
Et des hauts le cœur

En deuil d'un moi
D'une version obsolète
Désuète
D'un moi pas net
Flou brouillé
Insonorisé
Confus d'excuses
D'être là où il est

Un deuil interminable
Inénarrable
Ça fait des mois que ça dure
Je suis fatiguée

D'avoir été
Celle qui se tait sans fin
Et qui écoute sans fin
Celle qui se cache dans un coin

Je croyais que c'était mon caractère
Qu'il n'y avait rien à faire
A part de me taire
C'est comme ça qu'on m'a éduquée
A me taire
C'est dur de m'en défaire
De trouver ma voix
Si loin enterrée

Je ne sais pas faire
J'apprends
Nouvellement née
J'ai peur je crois
Je ne sais même pas de quoi

Tellement habituée
A me réprimer
A correspondre
A ce que vous projetez de moi

Je veux tout désapprendre
M'isoler
Le contrôle reprendre
M'écouter

Je suis en deuil de moi
C'est insoutenable
L'air est irrespirable
Ce changement de peau
Cette mutation
Ça me tiraille
L'estomac les intestins
Ça me brise les os

Je me jette un sort de témérité
Briller de ma vérité
Incantation de protection de mon âme
Des détraqueurs d'authenticité

Une potion élévatrice
Que toujours je fasse preuve de courage
Pour écouter la voix en moi
Agir envers ce en quoi je crois

Réflexion

Reflection
Réfraction

Miroir miroir
Hibernation

Ne faire que ce que l'on est
Germination

Les gens qui me connaissent

Les gens qui me connaissent
Vous ne me connaissez pas

Les gens qui me connaissent
Vous me connaissez sous un mauvais jour
Sous le jour de la nuit
Sous le jour de la peine
Sous le joug de la haine

Les gens qui me connaissent
Vous me connaissez sous une mauvaise lumière
Vous me connaissez mal éclairée
Sous le jour de la peur
Sous le joug de la douleur

Le jour de la fatigue et de l'épuisement
Sous le joug d'une joute déferlante
Derrière mes joues souriantes

Les gens qui me connaissent
Je ne suis pas celle que vous croyez

Quoi que vous croyiez
Je ne suis pas celle que vous pensez

Les gens qui me connaissent
Vous me connaissez dans une boîte
Qui ne m'appartient pas

Engoncée dans les boîtes que vous m'avez imposées
Léguées données ou prêtées
Pour m'aider ou pour vous rassurer
Je suis encombrée

Après toutes ces années
Je me suis égarée
Dans les rayons de vos supermarchés
Dans vos promotions
Dans vos conserves
Vachement bien rangées

Vous m'avez gavée
De vos listes
De vos Post-it
De vos idées

De vos néons surannés
Poussiéreux
Anachroniques
C'était quoi votre projet ?

Je me suis égarée
Tellement loin dans la torpeur
Encerclée par vos boîtes
Qui toujours s'accumulaient

J'ai tout fait
Pour me confondre
J'étouffais
Sur vos ondes
Parasitées
Furibondes

Je ne trouvais pas ma boîte de départ
Je ne m'entendais même pas hurler
Les gens qui me connaissent
Vous ne me connaissez pas

Vous m'avez rencontrée un jour de pluie
Un jour gris
Dans le brouillard
Dans la nuit
Tiraillée
Entre les boîtes qu'on m'a données quand je suis née
Et la boîte que j'avais déjà à mon arrivée

Les chaussures qu'on m'a achetées
Je ne rentre pas dedans
Je veux marcher pieds nus
Jusqu'à la fin des temps
Suivre le sens du vent
Quitter vos boîtes à chaussures
Qui encombrent mes mouvements

Il y a quoi à l'extérieur ?
J'ai peur
C'est éblouissant
Il y a quelqu'un ?
Je ne vois plus rien

Bienvenue au pays des âmes destinées
Des âmes retrouvées
Bonjour, qui es-tu ?
Je suis toi   regarde bien
Je suis toi laissée cachée
Dans un coin
Tu es venue me récupérer
Enfin ?
Oui. Enfin.

Maintenant que j'ai retrouvé mon âme
Que vous m'aviez arrachée
Que vous aviez cloîtrée affamée
Humiliée ignorée

Maintenant que j'ai retrouvé mon âme
Que je suis alignée
Les gens qui me connaissent
Je ne suis plus celle
Que vous pensiez que j'étais

Je ne supportais pas

Je ne supportais pas la lumière
Jusqu'à plus toi

Je ne supportais pas la chaleur
Des gens j'avais peur
Jusqu'à plus toi

De la confusion dans mon cœur
Jusqu'à plus toi

Un jour de plusieurs fois
J'ai mis plus de moi à l'intérieur
Je t'ai poussé.e loin à l'extérieur

Tu n'as pas disparu.e, tu es toujours là
Seulement tu vis en dehors de moi

Chacun.e chez soi
C'est beaucoup mieux comme ça

Or

Tu as cru que tu m'aidais
Mais tu ne m'aidais pas
Et puis ton aide
Je n'en voulais pas

Ton pétage de plombs
Je l'ai transformé en or
Un or luminescent   irradiant

Qui dore tout mon corps
A l'intérieur et en dehors

Mon or   mon trésor
Il est partout autour
Autour de moi
Il m'émerveille

Partout où je regarde   je vois de l'or
Quand je ferme les yeux   je vois de l'or
Et ça brille tellement fort

Je n'ai plus peur à présent
Ni de toi ni de l'ombre ni de la lumière
Ni des gens ni de la chaleur ni du soleil

Partout où je vais
Partout où je suis
J'ai dans le cœur
Des particules de bonheur

Des éclats d'arc-en-ciel
Une effervescence
Vermeille

Naissance

Je suis née au printemps
Dans la lumière de mon ombre
Je suis née dans la clairière
Dans le pré, le champ de blé

Au seuil de l'été
Parmi les chardons blancs
Immaculés

Une ronde blonde
Une ronde bleue
Farfadets, bleuets et fleurs séchées

Chantants à contretemps
A contrejour
Décontrastés

Grammages graminés
Parsemés, émiettés
Rameaux équilibrés

Sur le fil
Ondes ondoyantes
En ondoiements
On tisse le temps

Dans la lumière de mon ombre je suis née
Dans la moiteur d'une nuit zélée
Dans le silence de mes pensées
D'une naissance   acharnée

Prendre ma place

Dans l'ombre, j'ai trouvé la foi du monde
Je quitte ma souffrance, mes violences
Je quitte mon rouge
Je marche vers le bleu
Avec les deux
Je fais du fuchsia
Je fais du feu

Je quitte ma stagnation
Ma sidération
La réponse à mon pourquoi était juste là
Illumination de compréhension
J'ai tiré le bon fil de ma pelote
Délectation

De se laisser aller à l'acceptation
Délestée de gravité disparate
Comme si tout s'était rangé en un
claquement de doigts
Chaque chose est à sa place
Tout est bien rangé
Chacun.e dans sa lignée

Univers garde ma place au chaud un peu encore
J'arrive
Je suis en route
J'arrive
Je marche
Pour prendre ma place
Toute

phase III

expression

inspirer

Je vois

Je vois
Je donne
Je reçois

Je suis
Lumière
Energie
J'irradie

Je me vois
Je te vois

Par-delà l'inertie de nos peurs
Par-delà l'inertie de nos croyances

Car tu ne sais rien
Car je ne sais rien

Je vois
Je donne
Je reçois

Je pourvoie

Double face

Altérité
Il y a toujours un *ou*
Un *mais* ou un *et*
Deux facettes
Deux côtés
Qui créent la vérité
De nos humanités
Ombre   lumière
Clair-obscur salutaire

Ça y est j'ai compris
Ce que des contrastes on nous dit
Ils révèlent l'essentiel
L'essence
Luisent, illuminent
Incandescence

Sans ombre, pas de relief
Si je ne me pique pas
Je n'apprends pas
Si je ne lâche pas prise
Je ne deviens pas

Je me paralyse

Je m'enlise

Je me confonds

Je disparais

Dans les tréfonds

Englouti.e

Par l'inaction

Dans la stagnation

Pas de relief

Tout est égal

Donc rien n'est égal

Tout est pareil et formel

Moi je veux du sensationnel

Au réveil de nos ankylosités

Des merveilles

Animées

De toutes parts

De tous côtés

En fanfare
En devenir
En narration
Conjugaison

Au présent de l'indicatif
Au je, au tu, au nous
En présences véritables
En présences ineffables

Révolte

Je suis révoltée
D'une révolte tempérée
Modérée mesurée

Je suis indignée
Exaspérée
Mais pas trop, ça fait soupirer

De voir l'humanité si lentement évoluer
Alors que les sagesses écrivent
Depuis tant et tant d'années
Que le secret c'est d'aimer

Je suis d'une révolte mesurée vous voyez
Parce que c'est une chose que personne ne nous apprend jamais
Aimer
Non, personne ne nous apprend jamais

Alors les Hommes s'aiment mal
Mal-aimés traumatisés

L'Homme confond l'amour avec beaucoup de sentiments
Très éloignés du projet de départ initialement

Il confond l'amour avec l'affection
Il confond l'amour avec l'attention
Il confond l'amour avec la passion
La pire des confusions

Alors qu'est-ce qu'aimer ?
De nous interroger

Aimer c'est accepter
Soi-même, les autres
Le temps qu'il fait
Aujourd'hui dehors
Par la fenêtre
Sur ma joue
Et dans mon corps

Aimer c'est accueillir
Et c'est donner
Un geste, une parole
Un compliment

Autant de présents impalpables
A recevoir de nos semblables
A remercier avec sincérité
Sans redevabilité

En ne forçant rien, en ne s'efforçant pas
Car l'amour est la plus grande des forces
La plus douce et la plus forte
Croyez-le il n'y a rien à forcer pour aimer

Il n'y a qu'à écouter le chant des temps
intérieurement
Qui résonne dans nos entrailles
On a tous.tes la même histoire
Les mêmes batailles
On veut tous.tes être aimé.e.s pour ce qu'on est
On a tous.tes notre rôle à jouer

Alors je suis d'une révolte tempérée
A l'encontre de l'humanité
Qui encore apprend à aimer ce qui est

Surtout le moche, surtout le laid
Et l'indicible, et l'impensable

Car comme tout un chacun le sait
Ces notions ne sont pas inaltérables

Car aimer en fin c'est pardonner
Nous sommes tous.tes fait.e.s de bon et de mauvais
De pulsions et d'impulsions
D'exaltations et d'exaspérations

D'espoirs et de désespoirs
Qui sont un peu moins noirs
Quand on place à l'intérieur
L'acceptation de ce qui est

Alors je m'exaspère modérément
Je soupire de temps en temps
Avec la croyance, la foi
Que l'humanité grandira

Que de ses erreurs elle apprendra
Que de ses sempiternels *il faut* et *je dois*
Elle se délestera

Les il faut et les je dois

Les *il faut* et les *je dois*
Parasites de nos émois
Saboteurs de nos désirs
De nos joies

Nous avons le choix
De les transformer
En *j'aimerais*
Je voudrais, je peux
J'ai envie de

Nous avons le choix
De ne pas subir
De ne pas crouler sous le poids
Des *il faut* et des *je dois*

Chasser le bourreau de nos humeurs
Lui dire au revoir   le libérer
De son devoir illusoire de devoir
Commander nos aspirations
Nos déterminations

L'illusoire devoir de nous mener vers l'idée farfelue
Qu'à un droit chemin nous devons nous lier
Nous aliéner d'une allégeance illusoire de-, pour-, à-

A qui ?
Je ne dois rien à personne
C'est ma tête ici
C'est moi qui raisonne
On ne doit qu'à soi-même
D'écouter ses envies

Faisons taire ce que l'on croit être obligé.e.s de faire
On n'est pas ici sur Terre pour s'obliger
C'est insensé
On n'est pas ici maintenant pour se forcer

Laissons nos envies profondes régir nos mondes
Offrons à nos subconscients le repos du silence
La paix, la tempérance
Pour nos cœurs, l'insouciance

Soyons mu.e.s par l'amour
Pour nous aligner à notre fréquence

Ce pouvoir nous l'avons tous.tes
De choisir l'indépendance

Le pouvoir de ne pas se forcer
Le pouvoir de ne pas s'obliger
Celui de dire *non* à ce qui nous déplaît
Celui de dire *oui* à ce qui nous égaie

Nous pouvons diriger nos vies
Être et faire ce que l'on veut
Fonctionner en autonomie
Au gré de nos envies

Il suffit de le vouloir
Ce pouvoir
De s'en saisir et de s'en servir
De se demander ce que je veux
Et puis de le dire

J'implore, je prie
Que plus personne ne se force jamais plus
Que plus personne ne se trahisse
De son essence, de sa substance

S'obliger c'est la mort assurée
Le déclin de nos entités
Le morcellement de nos identités
L'amoindrissement de nos personnalités

Qu'est-ce que l'on risquerait
A décider de nous écouter
A ne pas nous obliger
A bannir les *il faut* et les *je dois*
Que prononcent nos pensées ?

Ressentiment

J'ai observé les gens
Je les ai bien observés
Depuis que je suis enfant
Depuis mon mur d'enfermement
Je connais tous leurs ressentiments

Tous les jours sous mes yeux
Je vois des gens cumuler du ressentiment
Et le déverser sur les passants
Celui qui est là au mauvais moment

A la mauvaise place, au mauvais endroit
C'est elle ou lui qui prend
Souvent c'est un commerçant ou un aidant
Un soignant, un guérisseur, ou un accompagnateur
Souvent, c'est un enfant

Souvent le ressentiment fait fausse route
Il se trompe de chemin et surtout de destinataire
L'expéditeur se trompe d'adresse souvent
Pour adresser son ressentiment

Comme pour le reste
Je crois que l'humain ne comprend pas très bien
ce qu'il ressent
Quand il s'agit de ressentiment

Il ne prend pas la peine de se demander
Souvent
Ça donne lieu à des *nan mais tu entends ce.cette*
débile comment il.elle me parle
C'est dérangeant, la vulgarité

Alors après c'est l'escalade de fumée
On menace, on cherche à se venger
On fulmine dans nos pensées
Notre sang ne fait qu'un tour
On crache des flammes bien énervées

On accuse le premier qui passe
On cherche un coupable
Sans n'avoir guère pensé à d'abord regarder
Ecouter
Nos propres voix
Nos propres gestes
Nos propres mains

Tous les jours sous mes yeux
Je vois des gens cumuler du ressentiment
Et le déverser sur les passants
Sans que je ne les voie guère
Regarder en-dedans

Au-dedans de leurs propres yeux
Faire un câlin au triste en eux
Qui a besoin d'être rassuré
De se sentir suffisamment en sécurité pour pleurer

Pour crier le mal, peut-être
Ainsi transformé, pouvoir le laisser aller
Et ne plus cumuler de ressentiment
A déverser sur un innocent

Aux rêves

Aux rêves échoués
Sur les rives de nos ancrages
Aux rêves déchus, désincarnés
Vous vivez dans nos singularités

Je vous ressens
Vibrer dans nos ferveurs
Résonner
Contre tous nos ossements

Parlez plus fort que nos doutes
Attelez nos tripes de cordage
De symbiose
Pour devenir grandioses

Dans les méandres des temps
Un rêve plus une action égal évolution
C'est mathématique
Une arithmétique systémique

Pour agir, il faut du courage
Celui de suivre nos intuitions
Au-delà de nos peurs
De nos éducations

Au-delà de nos irrationalités
A tout perdre
La foi préférer
Pour de nos rêves émaner

Par-delà notre chair
Par-delà nos os
Nos rêves profonds s'incarneront
Au-delà de nos déclinaisons

Cercle.s

On veut briser le cercle irrévérencieux
Des certitudes et des manquements
Briser le cercle des oubliés, des mis au rebut
Briser le cercle des sentiments refoulés
Pas entendus, pas écoutés, pas vécus

Le faire exploser, voler en éclats
Qu'il n'en reste plus trace pour tracer
Tracer un nouveau cercle
Faire une ronde et tournoyer de sincérité
De vérité d'humanité

Ecrire une nouvelle histoire de paix
De joie et d'abondance
Où je peux parler, où tu peux pleurer
Où on peut sentir nos sentiments
Sans culpabilité, sans ressentiment

Où je peux danser et où tu peux danser
Car rien d'autre n'a d'importance
Briser les cercles et les reformer d'insouciance
De confiance
Car rien d'autre n'a d'importance

Se laisser bercer   ralentir
Se coucher avec le vent
Se coucher avec les vagues
Se laisser bercer par l'instant

Hurler de toutes nos âmes
Chavirer
Tomber
Et voler
Comme Jonathan Livingston le Goéland

Et si

Et si tout cela n'était rien d'autre que du vent
Le son de l'océan
Qui ruisselle éternellement
Un courant d'air entre nos dents
Un sifflement

Et si tout cela n'était qu'un leurre
Et si tout cela n'était rien

Et si le rien était le tout
Rien de tout cela n'arriverait

Si le rien était le tout
Et si le tout n'était rien du tout

Confondus
Fondus l'un dans l'autre
Indivisibles, indissociables
Indiscernables l'un de l'autre
Lignes parallèles qui se touchent
Qui se fondent l'une dans l'autre

Deux séries de points alignés par milliers
Par milliards, consubstantiels
Qui pourra les discerner
Dans cette ligne continue
Qui n'a pas de fin ni de début

Qui part d'on ne sait où
Qui va on ne sait pas
Et nous on est là
Sur la ligne du destin
Quelque part entre le tout et le rien
Quelque part entre le début et la fin

Et si tout cela n'était rien du tout
Rien qu'une roue qui tourne
Une roue de bois
D'un rouage ancien
Des écrous enchevêtrés
Qu'une lourde chaîne fait fonctionner
Une chaîne sans début ni fin
Pourtant les roues continuent de tourner
Les écrous enchaînés

Quand cela va-t-il s'arrêter ?
Quand cela va-t-il cesser ?
Tournent-elles toutes dans le même sens ?
Inversées ?
Inverser la tendance des lignes fondues
Confondues

Confondus en excuses les points fourbus
Qui s'éparpillent, s'évanouissent
S'écartent de la ligne
Elle n'est plus

Des milliers de points fourmillent
Dans le microscope de nos vies
Ils frétillent, sautillent
Délivrés de la grande roue de l'infini
Ils fourmillent
Au hasard de leur foi
Et ils brillent de joie

Aujourd'hui le cercle est brisé par la foi de soi
Car chacun.e croit en son propre dessein
Ecoute ses propres désirs
Sans ternir ceux du voisin

Alors c'est magique
Tout le monde brille et scintille
Tout le monde rit au paradis de la foi
des heures intemporelles
Car tout le monde sait qu'il est à sa
juste ritournelle

Tout le monde sait ce qu'il veut
Et ce qui l'appelle
Tout le monde vit de ses vœux
Et de son propre dieu

De ses propres dogmes
De ses propres valeurs
De ses propres principes

Sans ni juger ni empiéter sur ceux d'à côté
Alors c'est la paix
Et la paix luit à l'infini
Un cercle vertueux reproduit

Et si tout cela n'était pas rien
Et si tout cela n'était pas qu'un rêve
N'était pas qu'un poème ?

Et si tout cela on s'évertuait à le créer
Chacun.e de soi à soi
Tous.tes à la fois

Et si tout cela pouvait perdurer jusqu'à la fin
des temps
S'aimer éperdument
Pleinement, entièrement
Radicalement

Et si nous n'avions plus peur
Et si nous n'avions plus peur de nos reflets
De nous tromper

Alors nous aurions la foi
Et alors nous serions cœur
Nous serions fleur
Vivants pour nous-mêmes
En connaissance de notre voix au monde

Si nous n'avions plus peur
Alors nous aurions la foi
Et nous aurions le bonheur

Avec des si, on mettrait Paris en bouteille
Avec des si, on vivrait tous.tes en harmonie aussi

Si on décidait de n'être que silence
De s'écouter
Avec bienveillance
Reconnaissance
De n'être plus sourd.e.s
A nos souffrances

Et si tout cela ne prenait rien qu'un tour
Un tour de soi
Rien qu'un tour de soi-même
Une fois
A chaque fois

Et si tout cela ne prenait rien
Et si tout cela ne prenait rien
Qu'une foi de soi

Pas de compromis

Pas de compromis
Pour vivre heureux.se
Pas de compromis
C'est fini

Pour vivre heureux.se
Pas de compromission

On va quand même pas se rétrécir jusqu'à disparaître
Se conformer jusqu'à se lobotomiser

Non
On va vivre sans compromission sur nos désirs
Nos ambitions
Pas de compromis sur nos déterminations

On va pas se rétrécir pour faire plaisir
Terminé ça c'est fini
Ça c'était avant

Avant le grand changement
Avant l'éveil
Avant la révolte
Avant le ras le bol

Avant la grande transformation
Sans retour en arrière

Non, on ne va pas se rétrécir
Pour faire plaisir à nos pairs

On va apprendre à dire non
Hier *Yes Man*
Aujourd'hui *Woman No*

Dire non le plus souvent possible
Sans réfléchir
Et voir ce qu'il se passe

Ce qu'il se passe
Quand on dit un non avoué
Au lieu d'un oui compromis

Il se passe la délestation
La délectation
De la non-compromission

Plus de compromis
Ce n'est pas une vue de l'esprit

Si on a envie de se dire oui
Pas de compromis avec nos vies

J'aime les gens voir

J'aime voir les gens heureux
J'aime voir les gens rayonner
J'aime voir les gens vulnérables
J'aime voir les gens sensibles

J'aime voir les gens faire
J'aime voir les gens créer
Se demander
J'aime voir les gens expérimenter
J'aime voir les gens oser

J'aime voir les gens être
J'aime voir les gens évoluer
Changer d'idée
J'aime voir les gens s'améliorer

J'aime voir les gens rigoler
Avoir la respiration qui siffle de s'esclaffer
Le souffle coupé étouffé de rire
J'aime voir les gens s'amuser

J'aime voir les gens se respecter
J'aime voir les gens s'animer
J'aime voir les gens s'affirmer
Je trouve ça si beau
Je vois ça chez les ados

J'aime voir les gens s'aimer
J'aime voir les gens aimer

J'aime voir les gens s'enlacer
J'aime voir les gens s'accompagner
Sur le chemin

J'aime voir les gens se dépasser
J'aime voir les gens passionnés
J'aime voir les gens accepter
J'aime voir les gens se révolter

J'aime voir les gens bienveillants
Attendris par un instant
J'aime voir les gens choisir la douceur
J'aime leur pudeur, leur cœur puissant

J'aime voir les gens absorbés
J'aime voir les gens exaltés
J'aime voir les gens se réunir
J'aime voir les gens s'unir

J'aime voir les gens construire des ponts
J'aime voir les gens chercher des solutions

J'aime voir les gens transparaître leurs failles
J'aime voir les gens demander pardon

J'aime voir les gens (se) pardonner
Faire table rase du passé
Et repartir sur de nouvelles bases
Établies en synchronicités

J'aime voir les gens briser le silence
J'aime voir les gens remettre en question
Eux-mêmes, l'ordre établi
J'aime voir les gens être gentils

J'aime voir les gens s'émerveiller
Comme quand ils étaient petits
Parce qu'on est tous.tes des enfants
Qui faisons semblant d'être grand.e.s

On joue pour de faux
A faire comme si
Comme si on était grand.e.s
Comme quand on était petit.e.s
Alors qu'en un instant
On a vraiment grandi

J'aime voir les gens qui font pas semblant d'être grands
J'aime voir les grands devenir des gens profondément

Accepter qu'ils seront toujours petits
Et qu'ils n'auront pas tout compris

J'aime voir les gens faire exister
L'enfant qu'ils ont été

Lampadaire

Il y a un lampadaire devant ma fenêtre
Je ne sais pas si je l'adore ou si je le déteste
Il donne sur toutes les fenêtres de mon appartement
Construit sur un seul versant

Le soir il fait des éclats de diamant à ma boule à facettes
Pour ça je l'aime bien

La nuit il m'éclaire sans que je n'aie besoin d'allumer la lumière
Ça je veux bien

C'est pratique mais ça m'éblouit aussi
Et puis comme je n'ai pas de rideaux aux fenêtres
Parce que je ne vais pas rester longtemps ici
Je pense que mes voisins me voient
A cause de lui dans la nuit

Il ne fait jamais nuit noire dans mon appartement
Je ne sais pas si c'est bien ou si c'est énervant

En fait c'est un peu énervant parce que je ne peux
jamais voir toutes les étoiles du ciel en même temps

Bref, il y a un lampadaire qui
Le soir venu, la nuit tombée
Réverbère sa lumière
Dans toutes les fenêtres
De mon appartement

Perchée

T'es perchée toi

Oui c'est vrai je suis perchée
Perchée là-haut, dans les étoiles
Je vous regarde
Je vous observe
Je vous écris
Je vous décris

Comme Pierrot la Lune
Je suis perchée sur les dunes
Poussières de Neptune
Je parle aux comètes
Je chante des poèmes

Chatte perchée
Vous ne m'attraperez pas
Je me déplace de toit en toit
Des cimes des montagnes
En haut des grands séquoias
Vous ne m'attraperez pas

Je suis perchée
La vue est tellement belle de là
De si, de do
L'espace   infini
L'air   séraphique
La pression   atmosphérique
La lumière   absolue
L'apesanteur   suspendue

Oui je suis perchée
Couchée là-haut dans les nuages
Vous ne me voyez pas mais moi je vous vois

Je tutoie l'âme du Soleil
Perchée dans le silence du ciel

Dans les bruissements du son du vent
Je suis perchée
Vous ne savez pas ce que vous ratez

J'ai

J'ai des dessins plein la tête
Des mots sous la peau
Des pulsions sensorielles sentimentales
De la ferveur animale
Des impulsions de mots

Je mets ma colère dans les couleurs et dans les sons
Dans les tressaillements de ma respiration
J'ai l'expression qui me démange
L'œsophage et les phalanges

Mes sens font décupler mon attention
-*et inversement*
Mon attention fait briller mon regard
Mon regard mouiller mes yeux
Mes yeux bondir mon cœur
Et m'émouvoir

Transformer le chaos
Rééquilibrer harmoniser
Equilibrer le chaos
Comme le ressac lisse efface reforme
Une toile blanche vierge nue

Où tout est à faire
Dans l'atmosphère
A imaginer
Dans nos rues

Parce qu'après le chaos vient le beau temps
Avis vérifié

Alors j'ai le soleil dans la tête
Je saute à pieds joints dans les ruisseaux
Que l'orage ou le ressac ou les deux
A formé sous son tableau

Salir nos vêtements
Se déshabiller
Rire de nos peurs

Irradier la chaleur de nos cœurs
De nos sentiments
De ce qu'on ressent si fort
Si puissamment

Alors je suis leste
Légère, décontractée
Sincère et reposée
Jusqu'au prochain chaos que je rencontrerais

Comme le ressac, je l'aplanirai
Comme l'orage, je le transformerai

J'ai l'esprit athlétique
Pour rendre les chaos moins chaotiques
Fantasmagoriques

Ciel

Le ciel au soleil couchant
Caresse et illumine
De ses rayons les cimes
Des arbres verdoyants

Un ciel jaune à l'Ouest
Lointain et lest
Ecrase sur le goudron
Une nuée de pluie à l'unisson

Au Sud les hirondelles
Que le printemps a ramené
Virevoltent
Telles des notes sans portée
D'une mer de cirrus gris d'ocre

Sous une couverture de stratus, à l'Est
Un ciel bleu layette révèle
Clairsemés, flottants
Quelques nuages roses
Qui se déplacent spectralement

Au-devant de ce tableau fantastique
Un arc-en-ciel fluorescent extatique
Un demi-cercle circonscrit
Peint au Stabilo par la pluie

Au-dessus du toit d'en face
Là où ma vision de lui se casse
Un épais nuage jauni tournoie
Semblant s'avancer vers moi
Tel un ballon dirigeable d'autrefois

La pluie du ciel tombe
D'un bruissement perpétuel
L'arc-en-ciel s'efface
Les nuages s'évanouissent
Et je pleure
Face à tel spectacle

L'aéronef s'évapore
Happé vers d'autres coins de ciel
Et le tonnerre tonne
Gronde, bourdonne
Alterne sa symphonie
Avec la pluie qui bruisse
Tandis que j'écris

Et je me nourris de la résonance du ciel
dans mon cœur
Et je me nourris de la résonance du ciel
dans ma chair

L'arc-en-ciel s'en revient
Réapparaît soudain
Comme pour me saluer
Il paraît
Au premier plan d'un ciel
Embué désormais

Un nuage poudré se fond
Dans cette toile délayée
Comme un pétale fané
Je vois trouble

L'arc-en-ciel semble s'en aller cette fois
Mais pas tout à fait, comme moi
Il subsiste de ses couleurs
Qui se mêlent entre elles
Pour fendre l'éther
Mille fois

Une petite araignée tisse
Vivement sa toile elle tisse
Au coin de ma fenêtre
Comme dans un coin de rien
Un coin de vide
Un coin translucide

Il fait gris pastel bleu
Mauve orageux
Lilas, perle, corail
Rose améthyste
Un léger bourdonnement persiste

Le soleil est presque couché
Les arbres sont éteints
La pluie a cessé
Et l'arc-en-ciel
De ses couleurs illuminées
S'en est allé léger

Mon cœur s'est apaisé
Seule l'araignée
Continue de travailler

La Lune, bientôt, prend le relais
La vie n'est jamais
Totalement achevée

Le rien n'a pas de coins
Ni le ciel d'ailleurs
Et la Lune de son clair
Auréole les nimbus outremer
D'un contour divin de lumière

Le jour, la nuit
La vie s'écrit
Dans des écrins de prouesses
Dans des élans de liesses

Le jour, la nuit
La vie n'est jamais vraiment finie
La vie n'est jamais
Totalement endormie

Départs et fins

Un départ et une fin
Dans les couloirs parallèles de mon destin
Que je dessine à l'encre de Chine
Au papier mâché, au fusain, à l'aubépine

Un départ et une fin
Aux crayons de couleur au dessin
A l'aquarelle je révèle
Un arc-en-ciel cristallin

Un départ et une fin sans fin
En circuit fermé dont je dévie
Que je déploie à ma guise
Que je déguise à la dérive

Douce dérivation physique alchimique
Mes choix font mes décisions
Je me guide sur mon chemin
Fait de départs et fait de fins

Sans arrivée jamais
Je ne mourrai pas
Car je vis dans le temps infini
Des départs et des trépas

Des faux départs il y en a eu plein c'est certain
Mais il n'y a pas de fausse fin
Il n'y a que la faim du hasard
L'espoir en miroir de ma foi

Faim de croire faim de voir
Faim de vivre de toucher
De marcher en avant
Il n'y a qu'un sens : devant

Pour atteindre le départ
Et pour atteindre la fin
Va, marche, actionne
Deviens qui tu es, résonne
Ton destin ne t'attendra pas sans fin

Vis aujourd'hui
Au-devant des départs et des fins
Pas hier, pas demain
Dès à présent, maintenant

En circuit court court-circuité
Circulation énergétique
Cinétique activée
Electrifie   branche
Parcours   émulsionne

Dis-lui toi
Que nous sommes énergie
Chair, sang, âme, esprit
Un circuit de nerfs magnétiques
Dans l'absolue synergétique

Une galaxie infinie en mouvance
Qui répond en longueurs d'ondes
Qui se répand en langueurs sourdes
De magnitudes à amplifier, à magnifier
Sur les départs et sur les fins perpétuelles
De nos existences à exprimer

Entre le magma du changement
La mort de l'automne
Et le renouvellement du printemps
Que tu portes en ton sein
Les solstices tranquilles, immobiles
Les équinoxes exaltés, volubiles

Dis-lui toi
Entre la fin et le départ
Etablis remercie, ose et chéris
Entre le départ et la fin
Flamboie fleuris, accueille et jouis

Dans cet espace intervalle
De succession de niveaux
Jusqu'à atteindre l'éternité
Sans départ et sans fin
Sans veille, sans lendemain

Le néant
Le tout le rien
Le vide et le plein
La paix substantielle
De l'éternel chemin

Et si demain vient
Je veux vivre de rien
De l'air de la mer
Respirer l'éther
La terre en jachère
Les minéraux
La matière

De la poussière des cendres
De l'Univers tout entier
Je me nourrirai
Dans mes mains
Sur elles je veillerai
Du début jusqu'à la fin
A perpétuité

amour eurythmie

Rituel du coucher

J'ai pris une douche dans ma baignoire
J'ai ruisselé mon corps et mes paupières d'eau claire
De savon et de vapeur légère

J'ai ruisselé mon corps de serviette
Je l'ai frictionné
Gentiment pour le sécher
J'ai épongé mes pores

J'ai brossé mes dents
Mes gencives et mon palais
Je me suis baumé les lèvres
De cette substance grasse
Luisante et lubrifiante
Jusqu'aux commissures de ma dictée

J'ai embaumé la saillie de mes mâchoires
D'huile essentielle d'arbre à thé
Mes poignets pareillement, imbibé

Détendue et relaxée
J'ai inhalé, j'ai respiré
La saveur du rituel du coucher

Je me suis déshabillée
Et nue
Je me suis glissée dans le feutré
De ma chambre à coucher
Dans sa paisibilité

Du frôlement de mes draps propres
De toute ma peau caressée
Par le coton, le lin sec et frais
J'ai étendu mon corps doux et bon

Coulé dans le linge parfumé
Enfoui dans mon lit doux et bon
Sur mon matelas ferme et bon
Je me suis délectée

Imprégnée de calme et de sérénité
J'ai fini deux grilles de mots fléchés
Le cerveau fonctionne si vite et bien
Quand le corps est délassé
Le système nerveux régulé

J'ai dit bonsoir
Au papillon de nuit
Qui s'était plus tôt invité

De plénitude drapée
J'ai éteint ma lampe de chevet

Dans le noir
J'ai scruté l'ombre des formes des objets
Qui se détachent du faufilement
Des éclairages de la cité

Lovée dans le moelleux de mon lit
Je me suis endormie
D'un sommeil dûment acquis

Détendue et relaxée
J'ai inhalé, j'ai respiré
La saveur du rituel du coucher

Amour inconnu

De quoi auras-tu l'air
Amour pur et sincère
Couleras-tu de source ?
Comme la rivière des ours ?

Je prie pour toi amour
Inconnu
Viens à moi

Fais-toi connaître
On se reconnaîtra
On se connaît déjà

Amour parcours
Chemine jusqu'à moi
Mon âme brûle de t'aimer
De te chérir
Sans discontinuer

Je t'admirerai tant
Je t'admire déjà
Je te désire amant
Je chante pour toi

Je te regarderai dormir amour
Du souffle de ta poitrine dans une respiration
Tu expires la faveur de ton incarnation
Dans la tiédeur de nos réveils
Engourdis de nos sommeils

Au soleil couchant
Au soleil levant
Dès les premières lueurs
Au crépuscule de nos heures

Dans la lumière tamisée du ciel qui s'éteint
Et de la nuit qui vient envelopper nos valeurs
D'une ouate sourde isolant nos ardeurs
J'aimerai la rigueur de la paume de ta main

J'y apposerai ma joue doucement
Que tu accueilleras gentiment
Embrasseras tendrement

J'aimerai ta présence
Ton assurance ta hardiesse
J'aimerai ta tendresse

Aimé
Je te vois au bout de mon allée
Marcher vers moi doucement

Tu prends ton temps
Tu as déjà compris
Que j'abhorre qu'on me presse
Tu soignes ton arrivée

Tu me prendras par la main le long du chemin
Je te prendrai par la main le long des allées
Sous nos pas fleurirons des bleuets
Et nos esprits chemineront
Allègres et légers

Je prie pour toi amour
Je te veux toi
Pas un autre
Toi

Car j'aimerai tes bras
Tes épaules où me ficher
Pour te chatouiller le menton
De mes cheveux décoiffés

Te baiser la joue
Inhaler l'odeur de ta peau
Qui enivrera mon corps
Près de toi réconforté

Avec toi j'aimerai partager tout
Tout ton toi
Tout mon moi
Pour construire un nous
Vibrant de joies

Avec toi rien ne sera futile ou vain
Tout sera facile et divin
Avec toi je n'aurai faim de rien
J'aurai faim de tout

A tes côtés je serai femme
Je n'aurai plus peur
De rien du tout

Petit bout de femme

Je suis un petit bout de femme
Un petit bout de flamme
Un feu follet
Dans ma forêt

Je suis une sorcière
Une gentille fée

Du bout de mon âme
Je déclare ma flamme
Au mignonnet
Au fond du pré

Je l'aperçois juste
Il est tout petit
Mais mon petit doigt me dit
Qu'il s'agit là
D'un homme accompli

D'un homme bon
Au cœur vaillant
Qui a envie de grandir avec moi
A l'orée du pré
Et à l'orée du bois

Je te veux

Je te veux pas perfectionniste et rangé
Je te veux pas coincé dans le cadran
Je te veux altruiste et osant

Je te veux lancé dans la vie en mouvance
Je te veux voir balloter tes croyances
Je te veux rêvant

Je te veux sans peur
Je te veux pudeur
Je te veux en bordel
Je te veux animé

Mu par tes envies, déconstruit
Non fondé par tes déterminismes
Je te veux pas fataliste
Je te veux pas pessimiste

Je te veux expressif, je te veux inventif
Je te veux pas alarmiste ou contraignant
Je te veux pas contingent, je te veux permanent
Indélébile, je te veux solutionnant

Je te veux pas tourner en rond
En tous cas pas trop longtemps
Je te veux tourner en dérision
Je te veux marcher droit devant

Je te veux universel, je te veux résidentiel
Je te veux en sensation en ébullition
Je te veux effervescent, je te veux érudition
Je te veux aisance, je te veux contemplation

Je te veux pas moqueur, je te veux pas arrogant
Je te veux fier, c'est différent
Je te veux surtout bienveillant
Je te veux surtout émerveillé
Par toute la beauté
Je te veux éblouissant

Je te veux partir à l'aventure dans ta main pour une vie
Je te veux croyant

Je te veux vitalité, je te veux audacieux
Je te veux divin, je te veux pas aux dieux

Je te veux intellectuel pas formel
Je te veux bon vivant, pas conventionnel
Je te veux connecté au vivant, à l'immatériel
Je te veux expérimentant

Je te veux fort de douceur
Je te veux alliance de confiance
Je te veux sur un lit d'hirondelles
Dans un puits de flanelle

Dans tes bras de soie de l'autre bout du monde
Ta bouche popeline caresser
Et tes cheveux ambroisine embrasser

Je te veux pas en négatif
Je te veux pas sourd aux couleurs
Je te veux nuit et soleil
Je te veux en arc-en-ciel
Nacré démentiel

Je te veux pas réprimé contrarié
Je te veux nature peinture éveillé
Je te veux conscience
Je te veux sentimental

Je te veux pas à côté
Je te veux tout contre accolé
En symétrie axiale
Je te veux relativité

Je te veux pas mystérieux
Je te veux valeureux
Je te veux accessible et sensible
Je te veux paisible

Je te veux luxe, calme et volupté
Je te veux chaud je te veux frais
Je te veux à température ambiante
Prêt à consommer

Would you

Texte à chanter

Would you be my baby
Would you carry me
Would you be my baby
Love me endlessly

Would you be my lover
'till the end of time
Would you read my story
Write the end with me

Could you love me a lifetime
Through the nights and days
Would you love me at all times
Whatever life delays

Would you reach to my heart
Would you see within me
Would you see that I love you
Like a bumble bee

Would you let me touch your heart
Let me touch your soul
Cause that's all I'd rather want
To believe in you whole

Meet your truth and your dreams
Meet your skin and chin
Meet your hands and your lips
Cherish your shadows and bright your light *(bis)*

Hug you in the moonlight
Kiss you in the fog
Touch you through the sunlight
Share a lifetime within you *(bis)*

Enfant à naître

Un bébé
Un enfant
A naître
A élever
A connaître
A rencontrer

A offrir au monde
A aimer
A chérir
A nourrir
A embrasser

A cajoler
A infuser
De bonheur
De joie
A faire pousser

A grandir
A faire fleurir
De toute son âme
De tout son esprit

Un cadeau de l'Univers
De moi à lui
A travers moi au monde
Pour elle
Pour lui

Mon enfant
Tu seras reine
Tu seras roi
De ta vie
De tes envies

Tu seras dignité
Tu seras toi-même
Tu seras créativité

Tu seras l'unique associé.e
De tes désirs
De ta volonté

Tu seras foi
Tu seras toi
Tu seras tout
Ce que tu voudras

Souvenir futur

Sable
Souvenir passé
Souvenir futur
Souvenir futur de toi
De moi, de nous

Je te vois à venir
Parabole de mon âme
Socle de mon esprit

Esprit trouve moi
Fais ruisseler mon corps de toutes ses couleurs
De tous ses contours, de tous ses reliefs
Réinitialise

Trouve mon essence
Réveille
Emerveille-moi

Illumine-moi le jour
Resplendis moi la nuit

Comme le parfum des fleurs envoûte mes cellules
Comme son odeur plébiscite l'immanence
De mon esprit

DEPART DE LA FIN

Thérapie

Mon psy m'a dit c'est bon c'est fini
Terminé la thérapie
Cette fois c'est bon
Vous êtes guérie

Je me suis sentie comme quand j'ai eu mon permis
J'ai la permission d'être aux commandes
De pédaler sans les petites roues
Mais je ne sais pas très bien faire du tout

Je vais abimer la carrosserie c'est sûr
Je ne suis pas à l'abri d'un accident
D'un déraillement
Je ne suis pas à l'abri de me tromper de route

J'ai réparé ma boussole, il paraît
Je vais m'entraîner à la lire correctement
Et puis lire la carte du ciel
Et puis faire confiance au vent

Apparemment je n'ai plus besoin de moniteur
Je peux me conduire à l'intérieur
Franchement j'ai un peu peur
De n'écouter que moi pleinement

Ecouter ma petite voix en dedans
Ecouter mon moi enfant
Qui a tant de rêves à réaliser
Je veux la laisser me guider vraiment

Avec le code des grands
Ça n'a pas très bien marché
Franchement
C'était plutôt désespérant

Alors maintenant
Je vais écouter mon moi enfant
Bonnement

EPILOGUE

Je veux vivre d'art et de poésies. Je veux vivre de danse et de magie. Je veux vivre de musique et vivre de chant. Vivre de mon art et de mon regard sur les choses et sur les gens. Je veux vivre de douceurs et de lenteurs. Je veux vivre de contemplations et de création. Je veux créer, créer, créer. Assembler, relier, désarticuler, étirer, rassembler. Tamiser les lumières, éclairer. Contraster, colorer. Mélanger, secouer, consommer. Je veux chanter et danser. Je veux créer, créer, créer.

Je veux vivre pour écrire, dire et ressentir. Respirer, courir, et sauter. Sauter dans le vide, rebondir. Plonger dans le grand bain, flotter, m'enhardir, m'enivrer. De vie, de peau et d'amour. Je veux aimer. Aimer, aimer, aimer. Aimer jusqu'à en vivre, jusqu'à m'essouffler, jusqu'à m'endormir dans tes bras contre tes pores, toi parmi mon corps. T'aimer à en sourire par-dessus les ports, par-dessus la Lune, par-delà les dunes, au Soleil diurne, réchauffant mon corps, couvert de sable fin, embrassant mon teint, mes mains, mes reins.

Je veux aimer jusqu'à la quiétude et jusqu'à la joie. Partager avec toi mes heures interludes et mes heures d'éclat. Je veux partager une vision.

Je veux du silence et de la résonnance. Je veux créer un horizon d'aimance, d'aisance, de plaisance. Je veux voler, planer et nager. Parcourir la terre, les abysses, l'atmosphère. Je veux toute la poésie du monde, du ciel et des mers. Je veux toutes ses merveilles.

Je veux la paix, je veux crier. Je veux savourer, sentir, me prélasser. Je veux toutes les couleurs du ciel dans mon cœur. Je veux toutes ses palettes à l'intérieur. Je veux me laisser aimer adorer et aimer adorer. Me dépasser, exulter, grimper aux arbres et me délecter.

Je veux de la lumière et je veux de l'ombre. Je veux hiberner et sublimer. Je veux écrire mon histoire à la craie, aux pastels, au crayon à papier. Je veux de l'amour harmonieux. Je veux de l'amour tous les jours jusqu'à mes vieux jours. Je veux de l'amour et du thé, fleuri boisé herbacé, bouillonnant ou glacé, saupoudré de grâces suspendues, élancées.

Je veux de l'eau, je veux de la terre. Je veux de l'air, je veux du feu. Je veux des amis plein les yeux. Je veux de l'indigo, je veux du bleu. Je veux du pourpre et du piano. Je veux des notes je veux de la sono et une maison. Des vibrations, de l'ocre et du rose guimauve chamallow. Je veux des ballons plein la tête. Je veux des fables enchantées, je veux la fête aux chandeliers, aux candélabres, aux bougies fanées.

Je veux des fleurs, je veux de la chaleur. Je veux arriver et je veux partir. Brûler resplendir. Me mettre à jour, me mettre au jour. M'immerger de paysages, faire le tour. Je veux aimer toutes les parts de moi, surtout celles que je n'aime pas, surtout celles qui ne se voient pas.

Je veux de l'humanité tendre et intègre. De l'humanité sensible, authentique. De l'humanité douce, empathique.

Je veux peindre en couleurs, peindre en noir et blanc, peindre la couleur de mes sentiments, la texture de ce que je ressens. Peindre la vie comme je la vois, avec mon filtre à moi. Je veux toucher toutes les matières, les minéraux les végétaux, les âmes les animaux, et je veux toucher qu'une seule peau.

GRATITUDES

J'ai envie de dire que j'ai de la gratitude pour tout, car j'ai de la gratitude à exprimer même envers mes heures les plus sombres - que dis-je, mes mois, mes années, de profonds désarrois. J'ai de la gratitude envers le sentiment de gratitude lui-même. C'est d'une telle plénitude, d'être en gratitude.

Dans la période de ma vie qui a vu émerger les prémices de ce recueil, j'éprouve une profonde gratitude pour la formidable présence de ma mère, ainsi que pour les gracieuses présences de Roxanne et de Sigrid, qui font famille autour de moi depuis nos adolescences embarrassées. J'éprouve une immense gratitude pour les divines présences d'Anne, de Maud et d'Olivier à mes côtés, qui ont formé famille autour de moi à ce moment-là. J'éprouve une vibrante gratitude envers les interventions mobilisées de ma grand-mère Aurélie et de mon père. Et une douce gratitude envers les célestes présences de David et des siens, qui ont eux aussi formé famille autour de moi.

J'éprouve une fabuleuse gratitude envers mon thérapeute et envers toutes les conjonctions qui ont rendu cette thérapie possible. Toutes et tous ont assurément contribué à me permettre de reprendre mon souffle. Merci.

J'éprouve une admirable gratitude à l'encontre d'Instagram d'exister, en l'occurrence à l'encontre des personnes bienveillantes, créatives, éclairées, philosophes, humaines, qui peuplent ce réseau de leur âme et l'investissent de leur esprit, pour insuffler de la conscience, de la confiance, de la douceur, de la joie, de la poésie et de la réflexion. Merci à elles et à eux de partager leurs savoirs, leurs connaissances, leurs expériences. Merci de m'avoir accompagnée et inspirée quotidiennement au long de ma guérison.

Gratitude envers les invariables soutiens de Vanessa et de Wendy, qui ont tout de suite apprécié mes premiers poèmes, ce qui a participé à m'encourager à continuer.

Une pensée chatoyante en gratitude à l'encontre de mon amie de lycée Héléna, qui depuis lors m'a régulièrement encouragée à écrire, me soutenant que j'ai une jolie façon de le faire. Merci pour ses mots qui ont résonné périodiquement en écho au fond de ma personne depuis toutes ces années.

Je porte une admirable gratitude à l'attention de Claire et d'Emmanuelle pour avoir procédé aux premières relectures de ce recueil. Merci.

Un drapé de gratitude pour la communauté de mon compte Instagram et les douces interactions qu'elle amène ; ainsi que pour les vibrants encouragements d'aujourd'hui et de toujours de ma marraine Sandrine.

Gratitude pour poésie.io et son concours de poésie, qui m'a gratifié d'une médaille de bronze, me donnant l'impulsion de rassembler mes poèmes éparpillés, d'en construire un recueil, et d'en avoir un premier jet papier.

Gratitude pour mes amours, les premières et les suivantes. Mes amours adolescentes, mes amours jeunes, mes amours fougueuses. Mes amours romanesques, mes amours périlleuses. Mes amours épistolaires, mes amours fantasmées, mes amours nébuleuses. Mes amours décadentes, mes amours avilissantes, mes amours nauséeuses.

Gratitude pour toutes mes amours à tâtons.

Gratitude pour les apprentissages et pour les leçons. Pour les détours et les non-aboutissements. Pour les ralentissements et les retentissements. Pour les apaisements et les éclaircissements.

Gratitude d'être en bonne santé, autonome et indépendante, dans mon corps et dans mon esprit. Gratitude pour toutes les personnes qui ont croisé mon chemin jusqu'ici.

J'éprouve une gratitude absolue pour ma maison, des tempêtes protégée, des bruits du monde isolée, du silence célébré, au sein de laquelle j'ai pu guérir et grandir librement et en sécurité.

Gratitude absolue envers l'inébranlable vaillance de mon vieil ordinateur, mon indispensable partenaire d'écriture.

J'ai une béate gratitude pour le confort de l'eau courante, de l'électricité, et pour le confort de mon lit douillet et de mes draps propres.

Enfin, j'éprouve la plus émouvante des gratitudes envers moi-même, envers mon engagement vis-à-vis de moi-même, à prendre soin de moi, et à oser oser. Un peu chaque jour, j'ai osé faire des petits pas intentionnés qui m'ont menée jusque-là. Et je suis ébahie de voir comme chacun d'entre eux mis bout à bout m'a permis de grandes avancées d'existence.

Chacun d'entre eux m'a demandé un courage immense, une incommensurable volonté, et la plupart d'entre eux se sont vus accompagnés de sentiments souvent intensément désagréables.

Aujourd'hui je sais que ces affres n'étaient rien face à l'immense satisfaction, fierté, félicité, de m'être écoutée, d'avoir dit, montré, demandé, ou fait.

Je continue de ressentir de l'inconfort à oser, mais j'ai en moi plus de courage que de peur à présent, pour m'écouter pleinement, et je suis en gratitude pour ça, absolument.

table des matières

FIN DU FAUX DEPART

Prologue	11
De jusqu'à	14

phase I : latence

respirer

Enquête	21
Qui ?	22
Presque demain	23
Être et faire	24
Amour propre	26
Disparaître	27
Chanter le vent	28
Energies retrouvées	29
Aujourd'hui maintenant	30
Rester polie	32
Je crache mes mots	34
Rêve candeur	36
Mission	37
Prier	38
Messe basse	39
Manivelle	40
Transhumance	41
Cet été j'ai	42

amour exergue

L'heure des fleurs	49
Il était une nuit	50
J'attendais quelqu'un	51
Tension	53
Le maintenant de mon pendant	54
Parallélismes	56
Ciel insouciance	57
Scoubidous	58
Besoin de temps	59
Enfants blessés	60
Avalanche	61
Ego	62
Joue contre joue	63
Promis juré	65
Acte manqué	66

phase II : décompression

amour exsangue

Amour brève	73
Vice et versa	74
Délitement	76
Lettre à mon amant	78
Amourette esthète	82
Disparu	83
Ponctuation	91
Cœur adolescent	92

expirer

Planches courbes	97
Tu m'as volé	98
Déni d'habit	104
Là où la guerre a pris fin	107
Ce que je n'étaie pas	110
Passer à côté	111
Enfance	118
Triompher de la douleur	121
En même temps	124
Plaies béantes	125
Deuil	126
Réflexion	129
Les gens qui me connaissent	130
Je ne supportais pas	135
Or	136
Naissance	138
Prendre ma place	140

phase III : expression

inspirer

Je vois	147
Double face	148
Révolte	151
Les il faut et les je dois	155
Ressentiment	159
Aux rêves	162

Cercle.s	164
Et si	166
Pas de compromis	172
J'aime les gens voir	175
Lampadaire	179
Perchée	181
J'ai	183
Ciel	186
Départs et fins	191

amour eurythmie

Rituel du coucher	199
Amour inconnu	202
Petit bout de femme	206
Je te veux	208
Would you	212
Enfant à naître	214
Souvenir futur	216

DEPART DE LA FIN

Thérapie	221
Epilogue	223
Gratitudes	227